# REVISTA
# Aventuras

**Houghton Mifflin Harcourt**

**Program Consultant**
Dr. Gisela O'Brien

Copyright © 2017 by Houghton Mifflin Harcourt Publishing Company

All rights reserved. No part of this work may be reproduced or transmitted in any form or by any means, electronic or mechanical, including photocopying or recording, or by any information storage and retrieval system, without the prior written permission of the copyright owner unless such copying is expressly permitted by federal copyright law. Requests for permission to make copies of any part of the work should be submitted through our Permissions website at https://customercare.hmhco.com/permission/Permissions.html or mailed to Houghton Mifflin Harcourt Publishing Company, Attn: Intellectual Property Licensing, 9400 Southpark Center Loop, Orlando, Florida 32819-8647.

Printed in the U.S.A.

ISBN 978-0-544-81224-6

2 3 4 5 6 7 8 9 10   0868   25 24 23 22 21 20 19 18

4500720168            A B C D E F G

If you have received these materials as examination copies free of charge, Houghton Mifflin Harcourt Publishing Company retains title to the materials and they may not be resold. Resale of examination copies is strictly prohibited.

Possession of this publication in print format does not entitle users to convert this publication, or any portion of it, into electronic format.

# Por el vecindario ...... 2

### Amigos para siempre TEXTO INFORMATIVO
por Carola Sony.................................................. 4

#### La amistad POESÍA
por F. Isabel Campoy y Gloria Fuertes ................. 14

### De paseo por el barrio TEXTO INFORMATIVO
por Ana Di Mare ..................................................16

#### Vida en el campo, vida en la ciudad FÁBULA
por Luciano Saracino • ilustrado por Cristian Bernardini................................................. 25

### Música en el tren FANTASÍA
por María Wos.................................................. 28

#### Una visita al zoo TEXTO INFORMATIVO
por Aida Oreiro ............................................. 36

iii

## Unidad 2 Compartir el tiempo .................................. 38

### Los animales y sus sentidos TEXTO INFORMATIVO
por Martín Stand............................................. 40

### ¿Los insectos hablan? TEXTO INFORMATIVO
por Carola Sony............................................. 50

### Todo tiene música FICCIÓN REALISTA
por Aida Oreiro ............................................. 54

### Cómo hacer un tambor TEXTO INFORMATIVO
por Aida Oreiro ............................................. 61

### Cuello duro FANTASÍA
por Elsa Bornemann ....................................... 62

### Momentos felices POESÍA
por Alma Flor Ada y Graciela Lecube-Chavez ............ 79

iv

# ¡Tres hurras para nosotros! .......... 184

### La foca Andre TEXTO INFORMATIVO
por Anita Tower .................. 186

### El ratoncito y el león FÁBULA
por Alma Flor Ada .................. 195

### ¡Vuela, mariposa! FANTASÍA
por Lydia Giménez Llort .................. 200

### Mosquito POESÍA
por Guadalupe Castellanos • ilustrado por Luis Cayo .................. 219

### Los patines nuevos NO FICCIÓN NARRATIVA
por Alma Flor Ada .................. 220

### Trabajo en equipo TEXTO INFORMATIVO
por Isabel Stern .................. 229

# Unidad 3 La naturaleza, de cerca y de lejos .......... 81

### Nuevos amigos FANTASÍA
por Marilú Levi .................. 82

### La selva tropical y sus habitantes TEXTO INFORMATIVO
por María Wos .................. 92

### Hojas, nieve, flores y playa: Las estaciones TEXTO INFORMATIVO
por Anita Tower .................. 96

### Las estaciones y la naturaleza TEXTO INFORMATIVO
por Morena Sanz .................. 102

### ¡Como perro y gato! FANTASÍA
por Lucía Pierri .................. 110

### Animales protectores TEXTO INFORMATIVO
por Gabriela Fluker .................. 118

## Vamos a explorar .........124

### Chocolate TEXTO INFORMATIVO
por Trinitat Gilbert ............................................. 126

### La germinación POESÍA
por Cecilia Pisos ................................................ 132

### Manual para soñar BIOGRAFÍA
por Cristina Nuñez Pereira y Rafael R. Varcácel ....... 134

### Pequeña historia del libro TEXTO INFORMATIVO
por Mora Hynes ................................................. 140

### Picnic, ¡allá vamos! FANTASÍA
por María Cáceres ............................................. 142

### Caracola POESÍA
por Federico García Lorca ................................... 153

## Mira cómo crecemos ....................

### Los animales y su ambiente TEXTO INFORMATIVO

### Cirilo el cocodrilo CUENTO POPULAR
por Almudena Taboada • ilustrado por Adriana Ribó .............................

### La vida de los árboles TEXTO INFORM

### Cómo crece el maíz TEXTO INFORMATIVO
por Anita Tower..................................

# Unidad 3: La naturaleza, de cerca y de lejos ......... 81

### Nuevos amigos FANTASÍA
por Marilú Levi............................................................... 82

### La selva tropical y sus habitantes TEXTO INFORMATIVO
por María Wos ................................................................ 92

### Hojas, nieve, flores y playa: Las estaciones TEXTO INFORMATIVO
por Anita Tower .............................................................. 96

### Las estaciones y la naturaleza TEXTO INFORMATIVO
por Morena Sanz ............................................................ 102

### ¡Como perro y gato! FANTASÍA
por Lucía Pierri............................................................... 110

### Animales protectores TEXTO INFORMATIVO
por Gabriela Fluker ........................................................ 118

# Vamos a explorar ........ 124

### Chocolate TEXTO INFORMATIVO
por Trinitat Gilbert ................................................. **126**

### La germinación POESÍA
por Cecilia Pisos .................................................... **132**

### Manual para soñar BIOGRAFÍA
por Cristina Nuñez Pereira y Rafael R. Varcácel ....... **134**

### Pequeña historia del libro TEXTO INFORMATIVO
por Mora Hynes ..................................................... **140**

### Picnic, ¡allá vamos! FANTASÍA
por María Cáceres .................................................. **142**

### Caracola POESÍA
por Federico García Lorca ..................................... **153**

## Unidad 5 — Mira cómo crecemos .................................. 154

### Los animales y su ambiente TEXTO INFORMATIVO
................................................................................ 156

### Cirilo el cocodrilo CUENTO POPULAR
por Almudena Taboada • ilustrado por Adriana Ribó ............... 164

### La vida de los árboles TEXTO INFORMATIVO
................................................................................ 172

### Cómo crece el maíz TEXTO INFORMATIVO
por Anita Tower ......................................................... 180

# Unidad 6
# ¡Tres hurras para nosotros! .......... 184

**La foca Andre** TEXTO INFORMATIVO
por Anita Tower ................................................. 186

**El ratoncito y el león** FÁBULA
por Alma Flor Ada ............................................. 195

**¡Vuela, mariposa!** FANTASÍA
por Lydia Giménez Llort ..................................... 200

**Mosquito** POESÍA
por Guadalupe Castellanos • ilustrado
por Luis Cayo ..................................................... 219

**Los patines nuevos** NO FICCIÓN NARRATIVA
por Alma Flor Ada ............................................. 220

**Trabajo en equipo** TEXTO INFORMATIVO
por Isabel Stern .................................................. 229

# ¡Bienvenido, lector!

Es hora de jugar para estos leones marinos de **California, USA**.

Los artistas hacen estos coloridos peces ángel en **Panamá**.

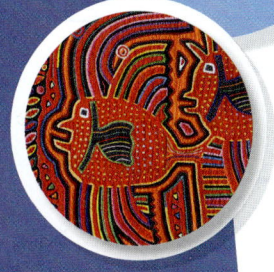

El tucán es un ave que vive en el norte de **Argentina**.

El bellísimo puente Golden Gate está en **San Francisco, California, USA**.

**¿Sabes en qué partes del mundo los niños aprenden a leer en español? Mira la portada de la Revista. Las imágenes te darán algunas pistas.**

Tu maestro puede ayudarte a buscar estos lugares en un mapamundi.

## Ahora es tu turno.

Al igual que otros niños de todo el mundo, estás aprendiendo a leer en español. Usas letras y sílabas para leer las palabras. Piensas en qué significan esas palabras y oraciones.

¿Estás listo para empezar?

¡Es hora de dar vuelta la página!

Unidad 1

# Por el vecindario

"La vecindad es fuente de amistad".

—*Proverbio español*

# Amigos para siempre

por Carola Sony

Un buen amigo se alegra cuando te ve.

Mani y Pepe comparten sus libros.

Me gusta pasear con amigos.

Mi hermano también es mi amigo.
¡Qué divertido!

Una ayuda a la otra. Son amigas.

Si estás acompañado, la lluvia es linda.

Un amigo es como un tesoro.

¡Cuídalo! Y nunca estarás solo.

# La amistad

## Amistad

**por F. Isabel Campoy**

Yo soy una niña
que ríe
que canta
y le gusta bailar.
Yo soy un niño
que corre
que salta
y le gusta jugar.
Sé ser una buena amiga
Sé ser un buen amigo
de mis amigos
y de la verdad.

# Amigo

**por Gloria Fuertes**

Ya sabes lo que te digo:
Si tienes un amigo,
eres rico, rico, rico.
Tener amigos es un tesoro.
La amistad es dar,
sin esperar
(recompensa).

# De paseo por el barrio

por Ana Di Mare

## La escuela

Esta es la escuela. ¡Aquí aprendemos muchas cosas! A leer, a escribir, a sumar y restar.

También podemos imaginar y reír.

## El parque

Cerca de la escuela hay un parque.
Ahí podemos jugar y columpiarnos.

¡Siempre hay gente en el parque! Algunos pasean a sus mascotas. Otros hacen deportes o descansan.

19

## El mercado

Cerca del parque hay un mercado. Venden verduras y frutas.

¡También hay dulces y caramelos!

## El museo

Este es el museo. Aquí aprendemos sobre el barrio.

Hay fotos y dibujos. También hay pinturas.
El barrio era muy diferente antes.

¡Me encanta mi barrio! ¡Hay muchos lugares para descubrir!

# Vida en el campo, vida en la ciudad

por Luciano Saracino

Bruno se despierta cada día no bien sale el sol.

¡Es hora de desayunar!

¡A trabajar!

El trabajo en el campo es hermoso, pero agotador.

Cuando el día finaliza...

Bruno cena y piensa...

¡Qué bien huele!

¡Quisiera ir al cine! ¡Qué lejos queda la ciudad!

Hasta que tuvieron una genial idea.

Los miércoles Bruno visita a Quique.

¿Estará buena la película?

¡Buenísima!

Los domingos Quique visita a Bruno.

¿Viste qué hermoso día de sol?

Y Bruno y Quique fueron felices... en el campo y en la ciudad.

# Música en el tren

## por María Wos

Leto es un perro aventurero. Le gusta viajar en tren.

Por la ventana mira el paisaje. De repente, oye un sonido. ¿Qué será?

Leto va al otro vagón. Quiere investigar.
¡Hay una banda de música!

—¿Qué es eso? —pregunta Leto.

—Mi guitarra —responde una mujer—.
Con ella hago melodías.

—¡Qué bien suena!

—¿Y eso? —pregunta Leto.

—Mi tambor —responde un hombre—. Con él hago ritmos para bailar.

¡Qué bien suena! ¡Qué bien suenan todos los instrumentos!

—Yo soy Leto. Sé ladrar y también cantar. Me gustaría ser amigo de ustedes.

Leto y los músicos están contentos:

—¡Ahora somos más!

# Una visita al zoo

por Aida Oreiro

El domingo fui a visitar el zoo. No me imaginaba cuánto me iba a gustar.

En un gran lago nadaban patos y cisnes. Algunos salían del agua y caminaban por la orilla. Un patito se me acercó. ¿Quería jugar? ¡Me seguía a todas partes!

El elefante movía la trompa. Lo saludé. ¿Se acordará de mí si vuelvo otro día? La jirafa, con su larguísimo cuello, estaba comiendo hojas. ¿Cómo verá las cosas la jirafa desde arriba?

También había animales nocturnos. ¡Me encantaron! Los murciélagos colgaban cabeza abajo. ¿Estarían durmiendo? Los búhos miraban con ojos enormes.

Espero volver a visitarlos pronto. Son unos animales muy interesantes.

**Coméntalo**

¿Por qué es importante compartir?

Unidad 2

# Compartir el tiempo

"Riqueza sin compañía no es alegría".

—*Proverbio español*

# Los animales y sus sentidos

por Martín Stand

**El gusto**

El conejo tiene muy buen sentido del gusto.

Puede sentir muchos sabores. Así sabe qué comida es segura.

**El oído**

Un gatito tiene buen oído.

Cuando oye a su presa, el gatito
sabe si es grande o pequeña.

## La vista

La oveja tiene buena vista.

La oveja sabe qué hay atrás sin girar la cabeza.

## El olfato

El cerdo tiene una nariz grande. Con su nariz, el cerdo puede oler muy bien.

Con su nariz, el cerdo busca comida debajo de la tierra.

# El tacto

El elefante tiene trompa.

Con su trompa, el elefante toca cosas. Con su trompa, el elefante hace mimos a su bebé.

Y tú, ¿para qué usas tus sentidos?

# ¿Los insectos hablan?

**por Carolina Sony**

    Las luciérnagas, las abejas y los grillos son insectos. Los insectos son animales que tienen 6 patas. También tienen antenas. ¿Sabías que los insectos se comunican? Los insectos no pueden hablar como lo hacemos las personas. Sin embargo, usan señales para comunicarse.

Las luciérnagas pueden encender y apagar sus brillantes lucecitas. Los grillos hacen sonidos con las alas delanteras. (¿Los has oído cantar alguna vez?).

Las abejas vuelan formando dibujos en el aire. Así pueden mostrar dónde está el alimento.

Los insectos también se comunican. La próxima vez que veas un insecto, presta atención. Así podrás saber qué quiere decir.

# Todo tiene música
## por Aida Oreiro

Este es mi pueblo. Aquí todo tiene música.

El viento entre las palmeras...
Las olas del mar en la orilla...

Siempre hay música.
Música para celebrar...

Música para no estar triste...

Hay música para que llueva. También para que salga el sol.

En casa hay muchos instrumentos. Nos gusta tocar en familia. ¡Parecemos una orquesta!

Tocamos música para el carnaval.
Vestidos de colores, salimos a la calle.
¡A celebrar!

# Cómo hacer un tambor

**por Aida Oreiro**

El tambor es un instrumento de percusión. Esto quiere decir que podemos golpearlo para hacer sonidos. Podemos golpearlo con las manos o con palillos.

Podemos fabricar nuestro propio tambor. ¿Cómo? Con una lata, papel y cinta adhesiva.

Primero, colocamos el papel en la parte de arriba de la lata. Luego, lo sujetamos con cinta adhesiva. ¡Nuestro tambor ya está listo para sonar! También podemos decorarlo con pintura de muchos colores.

Más ideas: podemos envolver unos lápices con papel, sujetarlo con cinta y ¡listo! Ya tenemos los palillos para tocar.

# Cuello duro

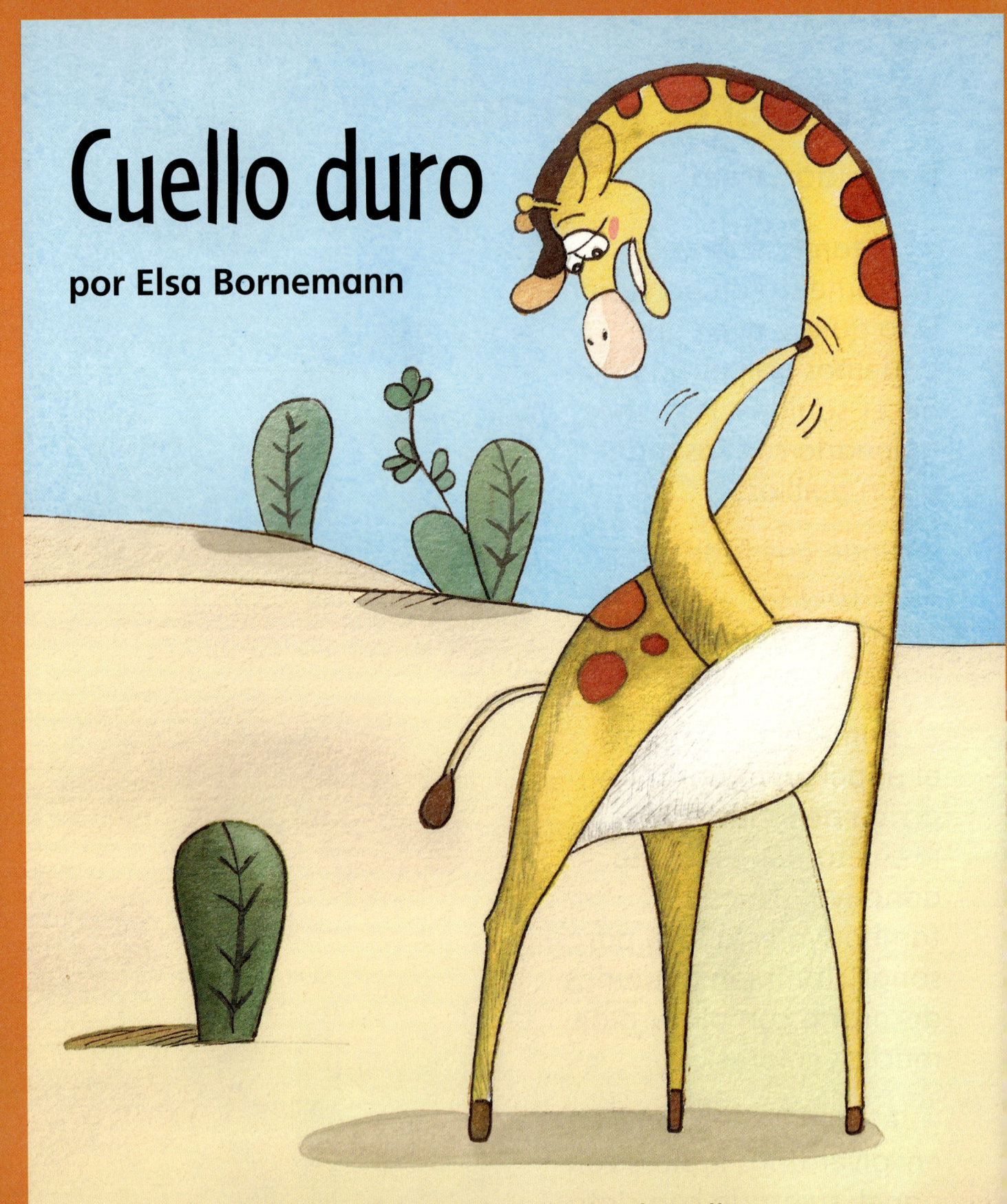

**por Elsa Bornemann**

—¡Aaay! ¡No puedo mover el cuello! —gritó la jirafa Caledonia.

Caledonia se puso a llorar. Sus lágrimas cayeron sobre una flor. Sobre la flor descansaba una abejita.

—¡Llueve! —gritó la abejita. Entonces vio a la jirafa.

—¿Por qué estás llorando? —le preguntó.

—¡Buaaa! ¡No puedo mover el cuello!

—Quédate tranquila. Llamaré a la doctora Vaca.

La abejita voló hasta encontrar a la vaca y le contó lo que pasaba.

—¡Voy a curar a Caledonia! —dijo la vaca.

Entonces se puso su delantal blanco y fue a ver a la jirafa.

—Hay que darle masajes —dijo—. Pero yo sola no puedo. Su cuello es muy largo.

Entonces llamó al burrito, que subió arriba de la vaca. ¡Pero todavía sobraba mucho cuello para masajear!

—Nosotros dos solos no podemos —dijo la vaca.

Entonces el burrito llamó al cordero, que subió arriba del burrito. ¡Pero todavía sobraba mucho cuello para masajear!

—Nosotros tres solos no podemos —dijo la vaca.

Entonces el cordero llamó a doña Coneja, don Conejo y sus veinticuatro hijitos. Doña Coneja subió arriba del cordero.

Después subió don Conejo y, uno encima del otro, los veinticuatro conejitos.

—¡Ahora sí! —gritó la vaca—. ¿Están listos?

—¡Sí, doctora! —contestaron todos.

Entonces masajearon el larguísimo cuello de la jirafa hasta que pudo moverlo otra vez.

—¡Gracias, amigos! —les dijo Caledonia.

Entonces cada uno volvió a su casa.

Pero la doctora Vaca, cuando llegó, se quitó el delantal blanco y se echó a dormir. ¡Estaba cansadísima!

# Momentos felices

## Mis oídos
**por Alma Flor Ada**

Me gusta escuchar
la voz de mamá
y me encanta oír
reír a papá.
Me gusta escuchar
a la abuelita
contándonos cuentos
de tardecita.
Me encanta la música
alegre y sabrosa;
pero más que nada
quiero…
oír hablar
a una mariposa.

## A la rueda, rueda
**por Graciela Lecube-Chavez**

Cuando quiero a gritos reír,
la rueda del parque de diversiones
me sacude, me baja y me vuelve a subir.

¿Qué podemos aprender de la naturaleza?

**Coméntalo**

**Unidad 3**

# La naturaleza, de cerca y de lejos

"Es un presumido el que se crea más sabio que la naturaleza".

—José Martí

# Nuevos amigos

por Marilú Levi

Un día, un mono se mudó a un nuevo lugar de la selva. Pensaba que ahí estaban las mejores bananas.

—¡Hola! —lo saludó un tucán—. ¿Eres nuevo aquí? ¿Te puedo ayudar?

—No —dijo el mono—, quiero caminar solo.

La verdad es que el mono quería comer solo. No le gustaba compartir. Como no quiso ayuda, tuvo que caminar mucho.

El mono estaba muy cansado y tenía mucha hambre. Entonces, vio un racimo de bananas que colgaba sobre el río.

El mono se colgó de una hoja, pero la rompió. Las bananas se cayeron al agua. ¡Qué pena!

El yacaré vio todo lo que pasó y quiso ayudar.

El mono no paraba de llorar.
Al fin, llegó el yacaré y le dijo:

—Aquí tienes tus bananas, monito.

—¿Pero, de dónde las sacaste? —preguntó el mono.

—Mis amigas las tortugas sacaron las bananas del agua. Y mi amigo el tucán las trajo volando hasta aquí —dijo el yacaré.

—Si esta es tu nueva casa, mejor vamos a ser amigos —dijo el yacaré—. Los amigos se ayudan unos a otros.

El mono sonrió. Prometió ayudar a sus nuevos amigos en el futuro. ¡Todos estaban contentos!

# La selva tropical y sus habitantes

por María Wos

La selva tropical tiene muchos árboles, algunos altísimos. En este tipo de bosque hace calor. También llueve mucho durante todo el año. Allí viven muchos tipos de animales.

Todos los animales de la selva tropical son distintos entre sí. Pero en algo se parecen. Cada uno se ayuda con sus habilidades y sus diferentes partes del cuerpo para poder vivir en ella.

**El jaguar** es un animal fuerte y rápido. Es de la misma familia que el tigre y el león. Se alimenta de otros animales, como los lagartos, los caimanes y los cerdos salvajes. Su gran fuerza le ayuda a cazar otros animales para comer.

**El perezoso** es un animal muy lento que vive arriba de los árboles casi toda su vida. Tiene la piel suave. Tiene unas garras largas y muy afiladas para poder sujetarse bien. Estas garras también le sirven para defenderse. Le encanta comer hojas tiernas.

**El mono** tiene una cola larga y fuerte para agarrarse a las ramas. En verdad, ¡hay muchos tipos de monos en la selva tropical! Algunos viven en grandes grupos. Otros viven en pequeñas familias. Pero todos aprovechan sus brazos y patas largas para saltar de rama en rama.

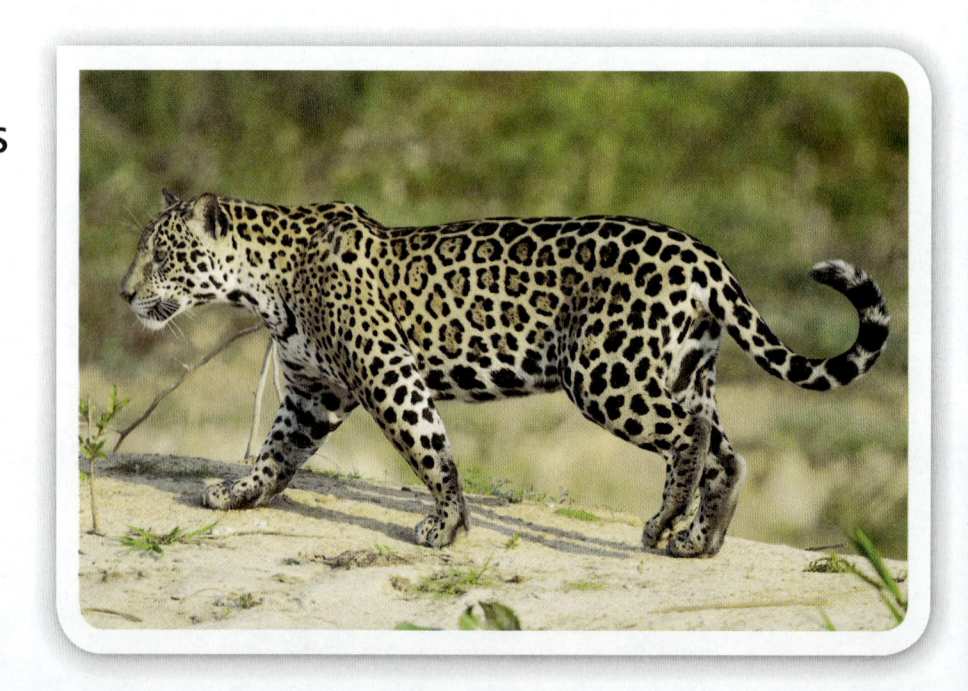

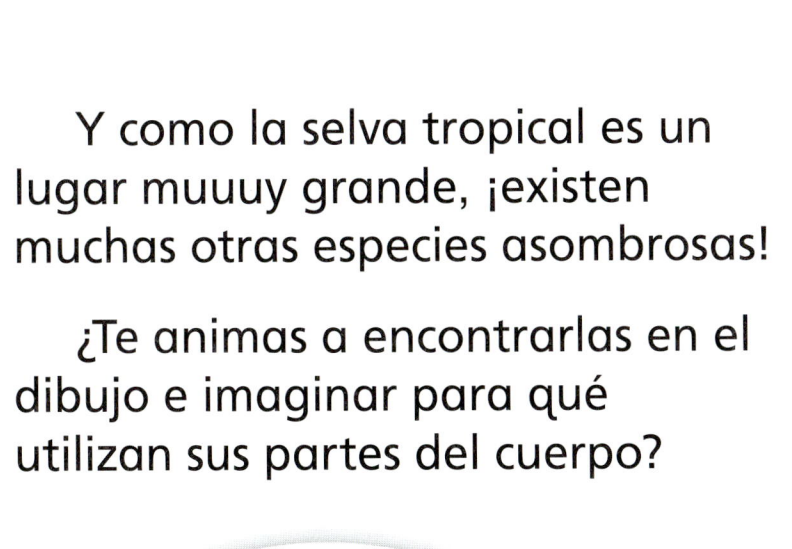

Y como la selva tropical es un lugar muuuy grande, ¡existen muchas otras especies asombrosas!

¿Te animas a encontrarlas en el dibujo e imaginar para qué utilizan sus partes del cuerpo?

# Hojas, nieve, flores y playa: Las estaciones

**por Anita Tower**

¿Por qué no siempre te pones la misma ropa? A veces usas ropa calentita. A veces, usas pantalón corto y una camiseta.

El tiempo cambia con las estaciones. ¿Sabes cuántas hay?

En otoño usas un jersey y un pantalón largo. Hay menos luz y hace más frío.

Las hojas de los árboles se secan y caen. ¿Te gusta pisar las hojas secas?

Después del otoño llega el invierno. Pronto se hace de noche. Usamos gorro, botas y un abrigo. ¡Qué frío hace!

En algunos sitios cae nieve. Los niños hacen muñecos de nieve y tiran bolas.

Cuando terminan los días de frío, llega la primavera. Las plantas tienen hojas verdes. Nosotros nos quitamos la ropa abrigada. A veces llueve mucho y nos ponemos botas.

¿Te gusta pisar los charcos y jugar con el agua?

Con el verano llega el calor. Ya no hace falta mucha ropa. Hay más luz y los días son más largos. ¡Podemos jugar afuera!

¿Te gusta jugar en la playa o nadar en el agua?

Otoño, invierno, primavera o verano...

¿Qué estación te gusta más a ti?

# Las estaciones y la naturaleza

**por Morena Sanz**

**La primavera**

En primavera, amanece temprano. El sol es más cálido. Abejas y mariposas vuelan en los jardines. Los pájaros hacen sus nidos en los árboles.

Algunos animales despiertan. Durmieron todo el invierno. Se escucha otra vez el canto de los pájaros. También, nacen muchos animalitos.

## El verano

El sol brilla todavía más en verano. Por eso, es la estación más calurosa. Los días son más largos todavía.

Finalmente los árboles dan sus frutos. Así, los animales tienen alimento asegurado para sus crías.

Algunos animales se refrescan en lagos y ríos. Otros buscan refugio a la sombra de los árboles.

## El otoño

El sol ya no es tan cálido. El cielo se nubla. Oscurece más temprano. Las hojas de los árboles dejan de ser verdes. Se vuelven marrones, anaranjadas o amarillas.

A ciertos animales les crece el pelo. Eso los protegerá del frío. Otros se preparan para dormir durante la estación siguiente: el invierno. Algunos esconden semillas, nueces o piñas en los huecos de los árboles. Así, no se quedarán sin comida.

## El invierno

El invierno es muy frío. Los días son más cortos. Anochece muy temprano. Los árboles se quedan finalmente sin hojas. En algunos lugares, todo se cubre de nieve.

Pájaros y mariposas vuelan hacia lugares más cálidos. Otros animales duermen durante toda la estación. En invierno, no tienen mucha comida para buscar. Pero siempre llegará la primavera.

# ¡Como perro y gato!

por Lucía Pierri

Rodo se llamaba el perro. Fido, el gato. Los dos estaban en la misma casa.

Rodo y Fido no se llevaban muy bien. Pero Lucila los amaba a los dos. Jugaba con Rodo un rato. Luego jugaba con Fido. Ellos eran sus mejores amigos.

"¡No toques mi ratoncito!", pensaba Fido.

"¡No toques mi hueso!", pensaba Rodo.

Mientras Lucila jugaba con Fido, Rodo ladraba. Cuando jugaba con Rodo, Fido maullaba.

—¡Es imposible jugar así! —dijo Lucila.

Un buen día, Lucila se cansó. Era mejor jugar con sus muñecas. Cuando Fido y Rodo llegaban, Lucila se iba.

Uno tenía su hueso. El otro tenía su ratoncito. Pero no había con quién compartir.

"¡Estoy triste!", pensaba Rodo.

"¡Estoy aburrido!", pensaba Fido.

Entonces, pensaron una idea. ¡Podían compartir la amistad de Lucila! Así, ninguno estaría triste y solo.

—Fido, ¡prometo no volver a morder tu ratoncito! —dijo Rodo.

—¡Y yo prometo no arañar tu hueso! —contestó Fido.

Los dos amigos llegaron al cuarto de Lucila. Lucila jugaba con su casita de muñecas. Pero no estaba feliz. Quería jugar con Rodo y Fido, como antes.

Fido y Rodo se pararon en la puerta del cuarto. Muy juntos, unidos.

Lucila no podía creer lo que veía. Corrió y le dio un beso a cada uno.

Desde entonces, el perro y el gato son los mejores amigos. Aprendieron a tener respeto y compartir la amistad.

# Animales protectores

por Gabriela Fluker

Cuando eras bebé, llorabas siempre que sentías sueño, hambre o miedo. Y tu mamá y tu papá enseguida estaban allí para alimentarte o reconfortarte. Con los animales pasa lo mismo. Los más pequeñitos necesitan a sus padres para alimentarse y sentirse protegidos.

Cuando salen del huevo, los pajaritos no saben volar ni buscar su propia comida. Necesitan ayuda.

¿Qué le pasa a este pajarito?

Parece que tiene hambre. Allí está su madre para alimentarlo.

La mamá osa acompaña a su cría. La abraza y la cuida muy bien, para que ningún otro animal pueda lastimarla.

El tigre también ayuda y cuida a su cachorro. Con su cuerpo ágil y fuerte, le muestra el camino y guía sus pasos.

¿Y en el mar, qué sucede? Cuando nace un delfín bebé, su madre lo ayuda a subir a respirar por primera vez.

¡Cómo cuidan los animales a sus hijitos para que crezcan sanos y fuertes!

123

¿Qué hacemos cuando exploramos?

Coméntalo

**Unidad 4**

# Vamos a explorar

"Las aventuras verdaderamente grandes son aquellas que mejoran el alma de quien las vive".

—Alejandro Dolina

# Chocolate

**por Trinitat Gilbert**

¿De dónde viene el chocolate? ¿Cuál es su origen? ¿De qué planta se saca? ¿Cómo se elabora? Son algunas de las preguntas que nos hacemos. El chocolate se obtiene del cacao.

## El cacao

El chocolate viene del fruto de un árbol, el cacao. Este árbol se cultiva en América Central, Sudamérica y África. También en Asia.

127

## Los orígenes

Los europeos conocieron el cacao cuando llegaron al continente americano. Los pueblos indígenas de América Central lo usaban como alimento y como moneda. Los de Sudamérica lo utilizaban para fabricar una bebida.

Con la llegada de los europeos, se crearon plantaciones de cacao en muchas zonas de América Central.

Poco a poco, su cultivo se fue extendiendo a otros lugares.

Actualmente también encontramos plantaciones de cacao en África. Los principales países productores son Costa de Marfil, Brasil, Nigeria y Ghana.

**América Central**

**Sudamérica**
Brasil

Costa de Marfil
Ghana
Nigeria
**África**

# El árbol del cacao

El árbol del cacao alcanza entre 6 y 12 metros de altura. Necesita entre 25 y 30 °C para crecer sano y fuerte. También lo favorece el agua de la lluvia. No una lluvia fuerte, sino constante.

El árbol del cacao necesita calor, pero no sol directo. Por eso siempre se protege con otros árboles mucho más altos. Estos árboles hacen de madre. Se les llama "mamá-cacao".

# La germinación

**por Cecilia Pisos**

En el fondo de un frasco bien limpito
preparé una cama de algodón.
En la cama acosté tres porotitos
con secante y tataaan...
¡germinación!

La seño miró fijo los porotos,
con un gotero un baño les pegó
y acomodó mi frasco en la ventana.
Con marcador, "Lautaro" le escribió.

"Lautaro" quedó al lado de "Milena",
justito abajo estaba el radiador.
Nunca les hizo falta a estos porotos
ni bufanda ni sopa ni doctor.

Mientras los otros chicos, con la regla,
medían las raíces y las hojas,
con Milena usábamos un metro,
una escalera y una topadora.

Nunca hubo un tallo verde en
nuestros frascos:
directamente troncos nos salieron,
y ramas y hojas, flores, frutos, monos...
¡Y tres tarzanes colgando del recreo!

Hasta que un viernes la maestra dijo:
"Queridos niños, ha llegado el día:
ya se pueden llevar el frasco a casa
para darle a mamá una alegría".

Milena y yo por la enredada selva,
buscamos nuestros frascos con trabajo.
Se ve que dimos vueltas en redondo,
y nos mareamos al mirar abajo.

Por eso, con Milena les decimos,
desde acá arriba y aburridos, ¡ufa!
Nunca, jamás se les ocurra, nunca,
poner sus porotos en la estufa.

# Manual para soñar

por Cristina Núñez Pereira y Rafael R. Varcácel

### Sueños de alas y plumas

Algunas personas sueñan con alcanzar la luna. Otras desean no abandonar nunca el bello rincón donde nacieron.

Hay quien quiere ser artista. Hay quien ama la aventura. Todas las personas son diferentes. Y cada una tiene su propio sueño.

## Amelia y Enid

Amelia era una niña aventurera y audaz. Trepaba a los árboles… Se deslizaba en trineo…

A los diez años vio un aeroplano por primera vez. Con el tiempo, su sed de aventuras se concretó; sería piloto.

Enid, en cambio, adoraba la literatura y la música. Lo que más le gustaba era escribir. Le encantaba inventarse mundos y aventuras.

**A los trece años, participó en un certamen de poesía. Desde entonces no dejó de escribir.**

Amelia Earhart cruzó el Atlántico pilotando un avión en 1933. Fue una de las primeras personas en hacerlo. Y ya nunca dejó de volar. Enid Blyton escribió cientos de libros infantiles. Cientos de niños los disfrutan en decenas de idiomas.

# Pequeña historia del libro

**por Mora Hynes**

A lo largo de los años, el libro tuvo muchas formas. ¿Conoces algunas?

Antes del papel, el libro fue de piedra, de madera, de barro, papiro o pergamino.

Primero, el libro fue de PIEDRA y MADERA. ¡Qué pesados serían!

Luego, apareció el PAPIRO. Nació de una planta muy abundante en Egipto. La palabra "papel" viene de "papiro". Se guardaba enrollado.

Después, llegó el PERGAMINO. Se hacía con la piel de carnero o cabra. Era muy costoso.

Finalmente, en China, se inventó el PAPEL. Se obtenía de restos de seda, cáñamo, arroz y lino.

Fue un gran invento.

La creación de la IMPRENTA fue muy importante. ¿Sabes por qué? Permitía copiar libros sobre papel rápidamente. Así, todos pudieron tener un libro.

Ahora, llegó el LIBRO ELECTRÓNICO. Se pueden leer muchos libros en el ordenador o el teléfono. Incluso hay librerías digitales.

# Picnic, ¡allá vamos!

por María Cáceres

Esta es Elisa. Elisa es la elefanta más fuerte y más amable.

Hoy se levantó más temprano que el sol. Primero, se lavó los dientes. Luego, se bañó. Y después de eso, desayunó un tazón de hojas y quince frutas. ¡Será un día muy especial!

¡Elisa iba a ir al gran picnic de la sabana! ¿Qué más podía pedir? Amigos, música, comida y juegos hasta la puesta del sol.

Elisa quiere llegar muy temprano al picnic.
No tiene auto, ni bicicleta, ¡ni monopatín!
Elisa es la elefanta más fuerte y más amable,
pero no la más rápida. Debe caminar,
caminar y caminar hasta el picnic. Elisa
pensó: "¡Qué emoción! Picnic, ¡allá vamos!".

—¡Buenos días, amiga cebra! ¿O no tan buenos?

—Al picnic rápido iba, pero mira…

—Súbete a mi lomo, y carga tu motocicleta. Una persona más hace el viaje más ameno.

La cebra pesaba un poco. La motocicleta, unos kilos tenía. Elisa, contenta, al picnic llegaría.

—¡Buenos días, amigo león! ¿O no tan buenos?

—Al picnic rápido iba, pero mira…

—Súbete a mi lomo, y carga tu auto detrás de la motocicleta. Dos personas más hacen el viaje más ameno.

El león pesaba. Sí, señor. El auto, muchos kilos tenía. Elisa, contenta, al picnic llegaría.

—¡Buenos días, amiga jirafa! ¿O no tan buenos?

—Al picnic rápido iba, pero mira...

—Súbete a mi lomo, y carga tu camioneta detrás del auto, detrás de la motocicleta. Tres personas más hacen el viaje más ameno.

La jirafa era alta, yo diría. La camioneta, una tonelada pesaría. Elisa, contenta, ¿al picnic llegaría?

—Parece que llegamos tarde —dijo la cebra.

—Parece que volvemos a casa —dijo el león.

—¡Un momento! —saltó Elisa—. ¡Parece que tengo una idea!

—Tenemos comida, tenemos bebida, y tenemos amigos. ¡Tenemos todo para nuestro picnic! —dijo Elisa.

Y así, gracias a Elisa, que ni monopatín tenía, todos los amigos disfrutaron de un gran día.

Leamos juntos

# Caracola

a Natalia Jiménez

**por Federico García Lorca**

Me han traído una caracola.

　Dentro le canta
un mar de mapa.
Mi corazón
se llena de agua
con pececillos
de sombra y plata.

　Me han traído una caracola.

¿Qué podemos aprender de los animales y las plantas?

**Coméntalo**

Unidad 5

# Mira cómo crecemos

"El estudio es para un niño lo que la tierra para el cultivo".

—*Proverbio español*

# Los animales y su ambiente

Los animales pueden ser terrestres, acuáticos o aéreos. Esto depende del ambiente donde habitan.

## Animales aéreos y terrestres

El **colibrí** aletea con mucha velocidad. Puede mantenerse volando en un mismo lugar. Mientras, con su largo y delgado pico, chupa el néctar de las flores.

El **águila** tiene patas con garras poderosas. Mientras vuela, puede atrapar a un ratón.

Cada animal tiene su cuerpo adaptado al lugar en el que vive. El **mono araña** pasa gran parte de su vida en los árboles. Sus largos y delgados brazos lo ayudan a hamacarse. También le permiten saltar de rama en rama. Su musculosa cola es como un brazo extra. La usa para sostenerse y comer mientras está colgado.

El **oso hormiguero** utiliza sus fuertes garras para abrir un hormiguero. Con su pegajosa y larga lengua llega hasta el último rincón. De una vez puede atrapar muchísimas hormigas.

## Animales acuáticos

Casi todos los **tiburones** son carnívoros. Por eso, tienen muchas filas de dientes afilados. Si uno se les desgasta o cae, vuelve a salir.

El **pez mariposa** tiene una mancha oscura cerca de la cola. Esa mancha se parece a un ojo. Así, sus enemigos no saben si va o viene.

La **tortuga marina** es la más grande de todas. ¡Llega a medir unos dos metros! También son las tortugas que nadan más rápido. Mueven sus grandes patas en forma de aletas para remar.

# Cirilo el cocodrilo

por Almudena Taboada

Cirilo el cocodrilo ha nacido amarillo como una banana con escamas.
—¡Huy, huy, huy! —dice el padre moviendo la cabeza de un lado a otro.
—Se llamará Cirilo, que pega con cocodrilo —dice la madre.

Los cocodrilos del río se acercan a mirar.
—Parece un plátano —dice Dino cocodrilo.
—No. Es un limón aplastado por la pata de un elefante —dice lagarta Saria—.
Todos ríen con una risa fea. Todos menos Cirilo.

Va donde su madre y le dice:

—Píntame de verde, por favor, píntame de verde —pide con un murmullo.

Todos guardan silencio. Todos, excepto una voz ronca y fuerte que viene del bosque y grita:

—¿Dónde estáis pandilla de reptiles aburridos? ¡Poneos las caretas que estamos en carnaval!

Es la voz de Rosa, la osa.

—¿Qué es eso? —pregunta Cirilo saliendo de su escondite.

Rosa la osa mira y parpadea.

—¡Un cocodrilo amarillo!

Cirilo se agacha bajo el vientre de su madre. Rosa la osa se inclina y sonríe.

—Sal de ahí, cocodrilo de limón. Sal, que ya estamos en carnaval y vamos a celebrarlo.

—Yo no soy un cocodrilo de limón —protesta Cirilo—. Me llamo Cirilo y ¡quiero ser verde...! Como los demás.

—Pues a mí me gusta el amarillo. Es el color del sol que nos calienta en invierno y el del fuego cuando ilumina la noche.

Cirilo escucha a Rosa y resopla aliviado.
Ahora ser amarillo ya no le parece tan feo ni raro.

La osa tiene razón. El amarillo es un color tan bonito como los otros. Rosa la osa saca a Cirilo de su escondite.

Ramona, la mona, organiza el desfile y dice de qué irá disfrazado cada animal. Cada uno elige un instrumento. Tito el lorito, un pito de bambú, Alejo el conejo, un tambor muy viejo y Rosa la osa elige unos platillos con bolas.

Todos desfilan con disfraces y caretas de colores.

Necesitan un guía para no perderse cuando marchen bajo las plantas. Eligen a Cirilo.

—Vamos, Cirilo, ponte a la cabeza de la fila, rey del carnaval —le dice Rosa, la osa.

Cirilo sonríe feliz: ya no es raro, ni feo. Es el rey del carnaval.

# La vida de los árboles

Algunos árboles pueden llegar a vivir muchos años. Sin embargo, su crecimiento es muy lento. El clima y las características del lugar influyen. Descubre cómo crece un árbol de una semilla.

# El crecimiento

Los árboles se desarrollan lentamente. Para que puedan crecer necesitan **agua** y **luz**. Observa el dibujo en la página siguiente. Descubre cómo de una **semilla** crece un naranjo. Y cómo el árbol da unos **frutos** llamados naranjas, que contienen **semillas**.

1. La **semilla** está bajo tierra. Empieza a germinar, es decir, comienza a crecer la planta.

2. El árbol crece. El **tallo** aumenta de tamaño. Sus **ramas** se hacen más fuertes.

**3.** En primavera aparecen las flores. La **flor** del naranjo es el **azahar**.

**4.** Las flores dan lugar a los **frutos**, es decir, las **naranjas**. Los frutos caen y el árbol queda solo con sus hojas y ramas. Ha acabado un ciclo.

## El entorno

Los **climas**, los **terrenos** donde se encuentren, el cuidado y la **luz del Sol** que les llegue, determinan la velocidad de crecimiento del árbol. Por ejemplo, los árboles de los lugares oscuros de una selva crecen muy lentamente.

**Algunos árboles se han adaptado al clima del desierto.**

**Existen árboles cuyas raíces están sumergidas en el agua.**

**Junto a los lagos, suelen crecer muchos árboles.**

## La poda

La **poda** consiste en cortar algunas ramas de los árboles. Así la planta crece más fuerte. No lo puede hacer cualquier persona. Tiene que ser un especialista: un podador.

Al cortar las ramas más débiles, se consigue que el resto crezcan más fuertes y el árbol se desarrolle mejor.

La **poda** ayuda a los árboles a crecer.

## El más rápido

Hay especies de árboles que crecen en poco tiempo. Hay otras que crecen muy lento. El **bambú** es la planta que crece más rápidamente. Puede llegar a crecer casi un metro diario. Es decir, la altura que alcanza un niño en dos años.

## Un árbol, un tesoro

Los árboles tardan mucho tiempo en crecer. Por ello, es muy importante que los cuidemos. Un árbol es como un tesoro. Recuérdalo.

# Cómo crece el maíz

por Anita Tower

Los platillos favoritos de Pedro son los tamales, los tacos y las tortillas.

Pedro ha estudiado hoy en clase los cereales. El maíz está en estos ricos platillos. Se ha puesto muy contento. ¡También está en las palomitas!

Su abuela tiene un pequeño huerto con plantas de maíz. Pedro tiene mucha curiosidad.

—Abuela, ¿cómo crece la planta del maíz?

La abuela le explica que en mayo siembra los granos. Después de días de sol y de lluvia, salen unas plantas pequeñitas. Crecen, crecen y crecen. El tallo va subiendo y echando hojas verdes. Las raíces crecen bajo la tierra.

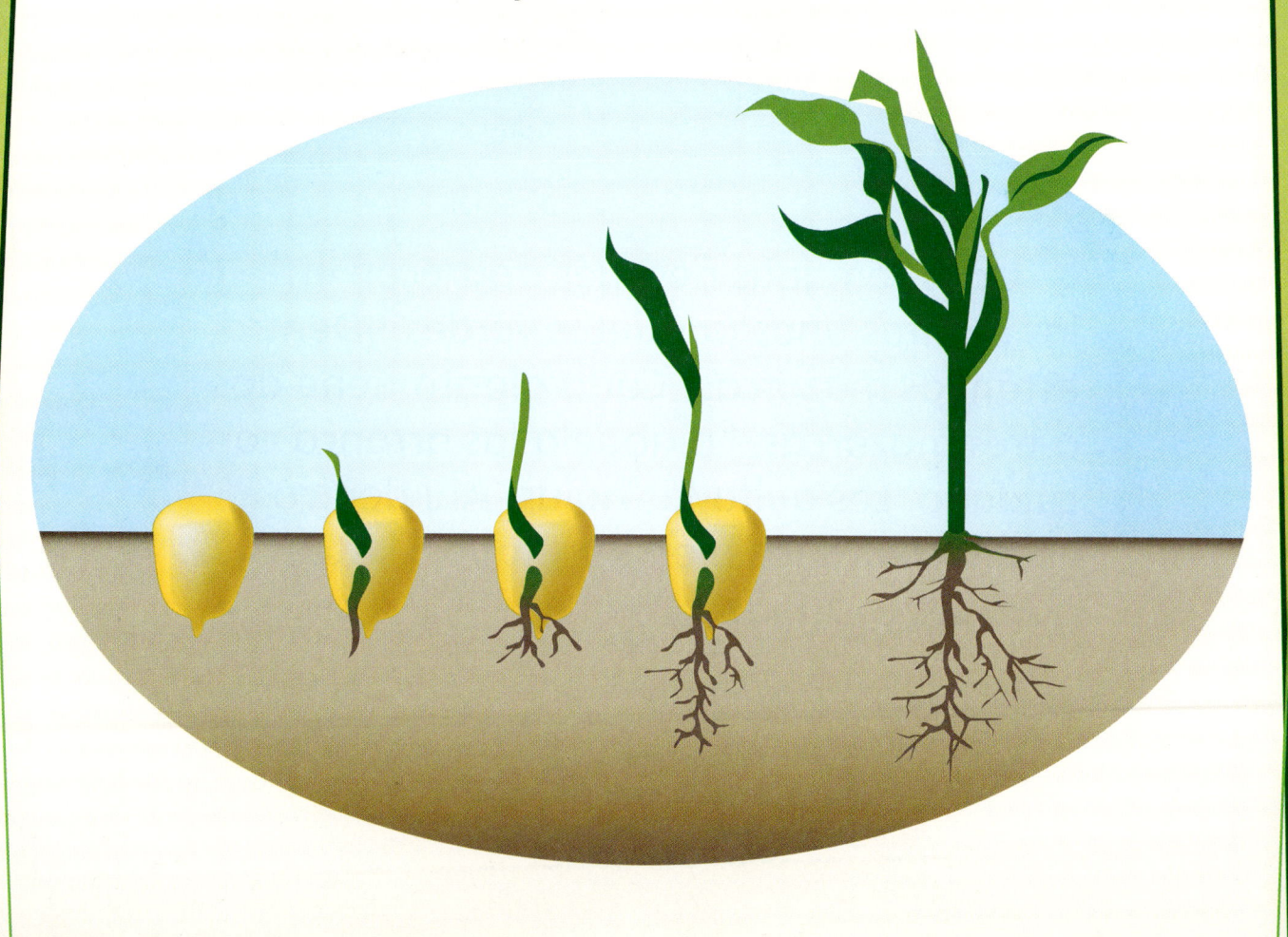

Unas semanas después aparecen en las plantas unos paquetes verdes. ¡Dentro están las mazorcas! Cada planta tiene dos o tres mazorcas. La abuela las arranca con cuidado. Les quita las hojas. Ahí dentro están los granos bien apretados. Listos para ser cocinados.

Pedro ha visto cómo la abuela hierve la mazorca. Otras veces la hace asada. Otras, le quita los granos para triturarlos. Así prepara esos ricos platillos. ¡Y nunca se olvida de guardar algunos granos para plantarlos!

**tamales**

**tortillas**

**totopos**

**tacos**

**enchilada**

**quesadilla**

**burrito**

¿Por qué es importante trabajar en equipo?

**Coméntalo**

Unidad 6

# ¡Tres hurras para nosotros!

"Cuando las arañas tejen juntas, pueden atar a un león".

—*Proverbio español*

# La foca Andre

### por Anita Tower

Ayer vimos en la escuela una película sobre una foca que vivió con una familia de humanos. Se llamaba Andre. Pasaba temporadas fuera y otras en casa de Harry con sus hijos y su esposa. ¡Era increíble!

Todos queríamos saber más cosas sobre las focas. ¿Qué comen? ¿Pueden vivir fuera del agua? ¿Cuánto crecen? Era muy entretenido preguntar. ¡A todos nos gustaría tener una foca en casa!

Hoy, la maestra nos ha pedido una redacción sobre las focas. Vamos a trabajar en grupos. El trabajo más interesante recibirá un premio. Tenemos que buscar información y ordenarla antes de escribir. Es mucho esfuerzo, pero nos gusta hacerlo juntos.

Yo estoy con Ana, Lucas y Marina. Hemos hecho una lista. ¡Hay que organizar las ideas!

Hemos escrito cuidadosamente lo que vamos a investigar:

—¿Dónde viven?
—¿Cuánto pesan?
—¿Cuál es su actividad favorita?
—¿Cuántos tipos de focas hay?
—¿Pueden vivir con los humanos?

Luego hemos ido rápidamente a la biblioteca a buscar libros para estudiar. ¡Queremos hacer la mejor redacción! Ha sido muy entretenido. Había muchas cosas que no sabíamos. La biblioteca tiene una gran colección de libros sobre focas.

Marina ha descubierto que las focas toman el sol.

A Ana le ha parecido muy interesante que les gusta seguir a los barcos.

Lucas dibuja lentamente un mapa para poner los lugares donde hay focas.

Y yo he encontrado que la foca más grande se llama foca elefante.

Después hemos hablado de lo que queremos poner en la redacción. Esta parte ha sido difícil porque había mucho para contar. Como hemos ordenado las ideas y estudiado un buen rato, hemos terminado de escribir enseguida. ¡Qué bien nos ha salido!

Luego teníamos que leerla en voz alta al resto de la clase. Lucas ha leído a los demás todo lo que hemos aprendido sobre las focas.

La clase entera ha aplaudido. ¡Hemos ganado el premio! ¡Tres hurras para nosotros!

# El ratoncito y el león

*versión de una fábula de Esopo
por Alma Flor Ada*

Una tarde el ratoncito regresaba a su casa. Corría a través de la selva. De pronto una zarpa enorme cayó sobre él.

¡Lo había cazado el león!

—No me coma, por favor —rogó el ratoncito.

—Y ¿por qué no? —rugió el león.

—Mi familia me espera —explicó el ratoncito.

—Se morirán de pena si no regreso.

—Está bien —contestó el león. —Te soltaré.

—Gracias, muchas gracias —exclamó el ratoncito agradecido. —Espero poder hacerle un favor algún día.

—Ja, ja, ja —se rió el león a carcajadas.

—¡Tú, tan chiquito vas a hacerme un favor a mí! ¿No sabes que soy el rey de la selva?

Pasaron muchos días. Una mañana los cazadores vinieron a la selva. Venían a cazar animales. Colocaron distintas trampas por toda la selva.

El león no vio la trampa. De momento estaba preso en una red de gruesas sogas.

Trató de zafarse. Pero mientras más se revolcaba en la red, más atrapado quedaba.

Entonces rugió de rabia y de pena.

El ratoncito oyó los rugidos del león. Y acudió a ver qué le pasaba.

—No se desespere, señor León. Voy a liberarlo.

El león no sabía quién le hablaba con aquella vocecita tan suave. Pero se quedó tranquilo.

La vocecita volvió a hablarle.

—Siga tranquilo un poco más. Ya no falta mucho. Pronto estará libre.

Al fin el león pudo soltarse. ¡Estaba libre!

El ratoncito, agradecido, había roído con sus afilados dientecitos la red que tenía prisionero al rey de la selva.

# ¡Vuela, Mariposa! ¡Vuela!

**por Lydia Giménez Llort**

Un día de primavera, un ratoncito encontró unas extrañas bolitas negras en un tiesto del jardín.
—¡Ohhhh!

Intrigado por saber qué eran, decidió esperar y pronto vio nacer unos seres blancos muy pequeñitos que se movían muy lentamente.

—¿Mmmmm?

¡Eran unas oruguitas! ¡Y una de ellas era muy simpática!

—¡Ahhhh!

Día tras día, el ratoncito dio de comer a la oruguita para que creciera hasta convertirse en una gran oruga.

—¡Ñam, ñam!

Y el ratoncito y la oruga se convirtieron en inseparables.

—¡Na na na na na na!

—¡La la la la la la!

Pasaban muy buenos ratos jugando a las cartas.

—¡Xte, xte, xte!

—¡Xte, xte, xte!

Se divertían mucho jugando al escondite...

—¡E eh, E eh!

...y leyendo juntos grandes historias.

—¡Ohhhhh!

—¡Ahhhhh!

Así que su amor fue creciendo y creciendo, haciéndose cada vez más y más grande.

—¡Nnnnnnn!

—¡Nnnnnnn!

Pero un día, el ratoncito no lograba encontrar a la oruga por ninguna parte.

—¿Eo?

Finalmente, el ratoncito la encontró en un sitio muy extraño. Apenas podía verla. No entendía qué estaba pasando, ni por qué la oruga estaba allí.
—¡Aaaaggggg!

**Pasaron los días y el capullo de seda quedó completamente cerrado. La oruga se había quedado allí, durmiendo, durmiendo. Y el ratoncito lloró con mucha pena...**

—Hhhhh, Hhhhh...

El ratoncito se quedó sentado, enfadado, esperando a que la oruga despertara del sueño. Quería volver a estar con ella.

—Mm, Mm.

Agotado, triste y cansado de esperar, el ratoncito quedó dormido.

—Zzzzz, zzzzz...

Cuando el ratoncito se despertó, vio que el capullo de seda se había abierto.
—¡Ohhhh!
Pero al mirar en su interior, comprobó, desolado, que la oruga no estaba.
—Ehjjgggg...

Así que se volvió a sentar esperando, por si la oruga volvía. Pensó que quizás fue culpa suya. Si él no se hubiese dormido ahora estarían juntos.
—Hhhhh, Hhhhh...

Entonces, se le acercó una mariposa. El ratoncito se sorprendió mucho cuando la bella dama le dijo quién era y le recordó los buenos momentos pasados juntos jugando y leyendo.
—¡Ohhhhhhh!

El ratoncito se sintió muy feliz de volver a ver a su querida oruga, que ahora era una bellísima mariposa y le pidió que no se fuera nunca, nunca más.

—¡Ahhhh!

Pero a medida que pasaban los días, la mariposa perdía su belleza. El ratoncito no sabía por qué.

—¿Eh?

Por fin, el ratoncito comprendió que las mariposas están hechas para volar. Así que el ratoncito le dijo a su querida mariposa:

¡Vuela, Mariposa! ¡Vuela!

Y la mariposa alzó el vuelo y con sus majestuosas alas se alejó.

—¡Nmmm!

Aquella noche, el ratoncito soñó con la mariposa...

—¡Nmmm!

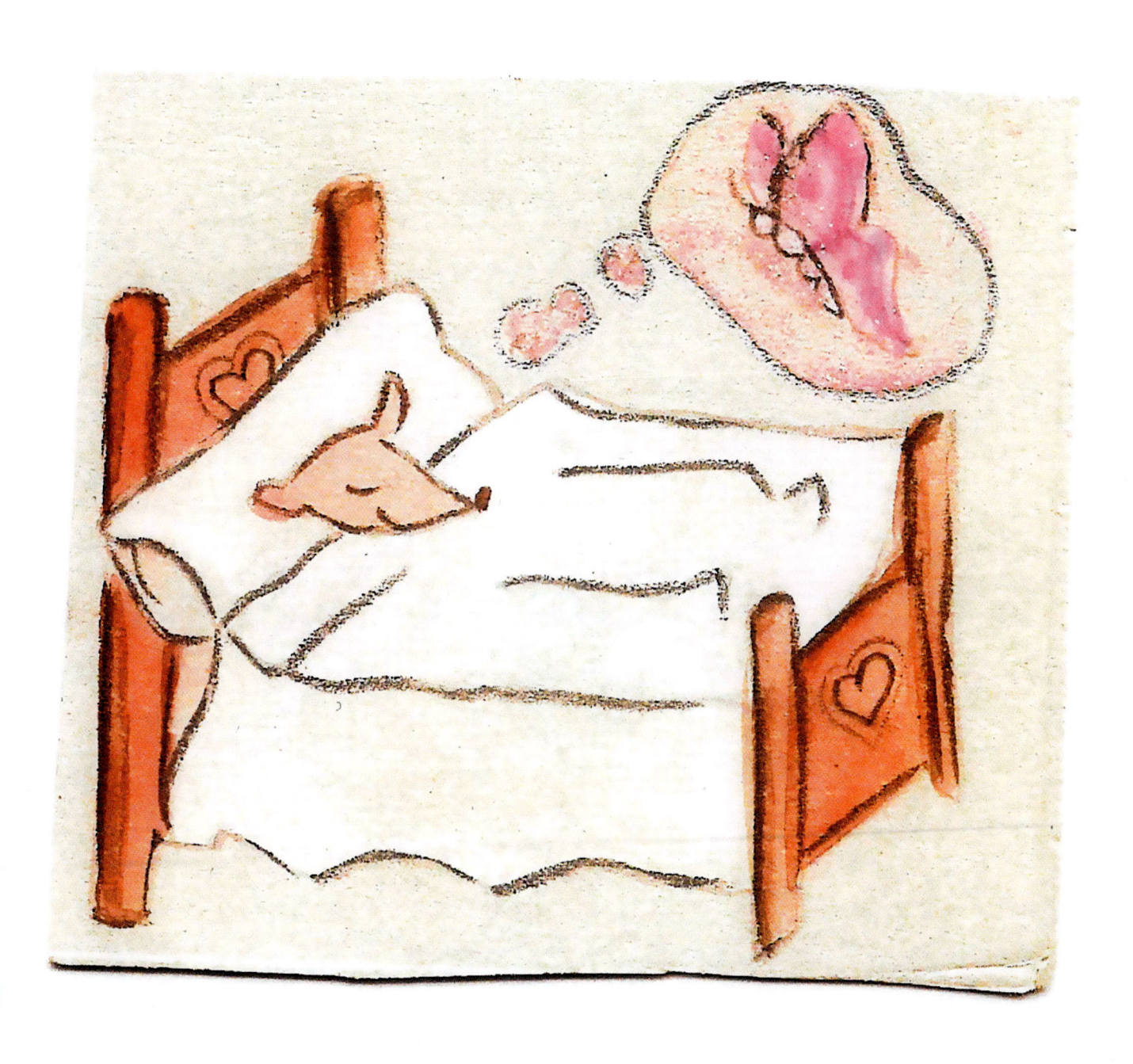

Y en su sueño, volvieron a estar juntos, felices como siempre.

—¡Ahhhhh!

—¡Ahhhhh!

Y antes de despertar, la bella mariposa le contó un secreto al ratoncito. Le dijo que le había dejado un regalo.

—¿Ehh?

El ratoncito despertó y corrió hacia el tiesto donde una vez encontró aquellas bolitas negras. ¡Y sí, allí estaba su regalo! ¡La mariposa había puesto sus huevos!
—¡Ahhh!

Así que el ratoncito esperó hasta ver nacer a las nuevas oruguitas que le hicieron recordar todos los bellos momentos vividos.
—¡Ahhhhhh! ¡Nmmmmm!

Y el ratoncito entendió el ciclo natural de la vida. Ahora, cuando ve una mariposa, recuerda todos los buenos momentos vividos con su querida oruga.
—¡Ahhh! ¡Volad, mariposas! ¡Volad!

Si miramos una mariposa veremos que tiene cuerpo de oruga y dos alas en forma de corazón unidas para siempre. La belleza de las mariposas nos recuerda que el amor es eterno.

# Mosquito

por Guadalupe Castellanos
ilustrado por Luis Cayo

Zumba por acá,
zumba por allí,
clap,
¡mosquito, vete de aquí!

Zumba por acá,
zumba por allí,
sobre mi cabeza,
clap, clap,
¡mosquito, vete de aquí!

Zumba por acá,
zumba por allí,
sobre mi cabeza,
alrededor de mi oreja,
clap, clap, clap,
¡mosquito, vete de aquí!

Zumba por acá,
zumba por allí,
sobre mi cabeza,
alrededor de mi oreja,
¡no dejas jugar!,
clap, clap, clap, clap,
¡mosquito, vete de aquí!

# Los patines nuevos

**por Alma Flor Ada**

Benito miró con alegría la caja grande envuelta en papel de regalo. Sonrió tratando de imaginar qué podría ser. ¿Un tren eléctrico? ¿Carros de carrera? ¿Un juego de video? ¿La enciclopedia de animales que tanto quería?

Su madre lo miraba con mucha atención mientras abría la caja. Pero una vez que vio lo que había dentro, Benito dejó de sonreír.

En la caja había un reluciente par de patines.

—¿No te gustan? —preguntó su madre. —Tu primo Luis está loco con los suyos —dijo su madre.

Benito forzó una sonrisa.

—¿Por qué no sales a patinar? —lo animó su madre.

Benito salió de la casa con los patines. Se puso uno solo. Trató de patinar empujándose con el otro pie. Pero lo cierto es que le daba miedo caerse.

El año anterior, cuando estaba en segundo grado, se había caído en el patio de la escuela.

Iba corriendo y se le había enredado el pie en una raíz.

No fue nada divertido estar enyesado. No podía jugar a la pelota. Y cuando fueron a la playa no pudo meterse en el agua. ¿Por qué se les había ocurrido a sus padres regalarle patines?

—¡Hola, Benito!

Miriam venía por la acera, empujando una bicicleta nueva.

—¿Es tuya?

—¡Sí! Pero no sé montarla. No tiene rueditas.

—¿Te ayudo?

Benito se quitó el patín. Lentamente fueron alrededor de la manzana. Miriam en la bicicleta.

Benito sosteniéndola por detrás. Día tras día Benito salía de casa con los patines. Día tras día los dejaba en el portal. Y ayudaba a Miriam a montar la bicicleta.

Benito fue a pasar el fin de semana a casa de sus abuelos. Y Miriam descubrió que ya podía montar sola la bicicleta. Practicó y practicó.

Miriam se sostenía sola sin dificultad. Tenía gran equilibrio. Podía ir en línea recta. Y hacer las curvas. Podía ir lento y rápido. Se sentía muy feliz.

El lunes cuando Benito salió al portal Miriam no estaba. Entró y se puso a mirar la televisión.

—¿No sales a patinar? —le preguntó su madre—. ¿No te gustan tus patines nuevos?

Benito no sabía qué decir. Le habría gustado poder patinar rápidamente, libre y feliz. Pero tenía tanto miedo a caerse. ¿Cómo explicárselo a su madre?

Desde su ventana, Miriam vio a Benito poniéndose un solo patín. Y patinando inseguro, empujándose con el otro pie.

Miriam había estado tan interesada en su bicicleta que no había prestado mucha atención a Benito y sus patines. En ese momento tuvo una idea. Corrió a buscar su bicicleta.

—¿Me ayudas, Benito?

Benito se acercó.

—Si te pusieras los patines podrías ayudarme mejor.

—¿Tú crees?

—Sí, con dos patines podrás sostenerme mejor desde el manubrio.

Benito se puso el otro patín. Miriam pedaleó con fuerza. Benito sostenía la bicicleta. Se olvidó de los patines. Sólo quería ayudar a Miriam.

Una y otra vez le dieron la vuelta a la manzana. Una y otra vez... Día tras día...

—Creo que ya podrías ir sola, Miriam —dijo Benito un domingo.

—Déjame probar.

Benito soltó la bicicleta.

Mientras Miriam pedaleaba, Benito patinaba libre, rápidamente.

Los dos sonrieron felices.

# Trabajo en equipo

por Isabel Stern

¿Has visto alguna vez un fila de hormigas? Puedes ver que hay cinco o seis hormigas llevando juntas una hoja. Una sola hormiga no podría hacerlo.

Con tus compañeros de clase a veces es mejor hacer como las hormigas. Entre varios ¡es más fácil hacer algunas cosas!

A veces hay un niño o una niña que tiene una idea. Pero necesita hacerla con otros niños. A Lisa le gustaría ordenar la clase.

Tenemos que contar a los demás cuál es la idea. Así podemos ver cómo hacerlo entre todos.

¡Cada uno elige una tarea! Unos prefieren guardar las pinturas, otros colocar los libros de la biblioteca y otros mover cosas.

Poco a poco, con el trabajo de cada uno, se va avanzando.

¡Ya casi está! Los niños se han esforzado como hormiguitas y entre todos han conseguido lo que querían.

# Acknowledgements

"A la rueda, rueda" by Graciela Lecube-Chavez from Iguana, July-August 2014, illustrated by Victoria Tosi. Text copyright © 2014 by Carus Publishing Company. Adapted and reprinted by permission of Cricket Media. All Cricket Media material is copyrighted by Carus Publishing d/b/a/ Cricket Media, and/or various authors and illustrators. Any commercial use or distribution of material without permission is strictly prohibited. Please visit http://www.cricketmedia.com/info/licensing2 for licensing and http://www.cricketmedia.com for subscriptions.

"Amigo" from *Diccionario estrafalario* by Gloria Fuertes, illustrated by Jesús Gabán.
Text copyright © 1997, 2008 by Gloria Fuertes. Reprinted by permission of Susaeta Ediciones, S.A.

"Amistad" by F. Isabel Campoy. Text copyright © by F. Isabel Campoy. Reprinted by permission of F. Isabel Campoy.

"Caracola" from *Federico García Lorca para niños* by Federico García Lorca. Text copyright © 1983, 1998, 2003 by Herederos de Federico García Lorca. Reprinted by permission of Casanovas & Lynch Agencia Literaria.

Excerpt from *Chocolate* by Trinitat Gilbert, illustrated by Mariona Cabassa. Text copyright © 2006 by Trinitat Gilbert. Spanish edition copyright © 2006 by La Galera, SAU Editorial. Reprinted by permission of La Galera, SAU Editorial.

*Cirilo el cocodrilo* by Almudena Taboada, illustrated by Adriana Ribó. Text copyright © 2005 by Almudena Taboada. Illustrations copyright © 2005 by Adriana Ribó. Reprinted by permission of Grupo S.M.

"Cuello duro" from *Lisa de los paraguas* by Elsa Bornemann, illustrated by María de los Ángeles Torme. Text copyright © 1997 by Elsa Bornemann. Adapted and reprinted by permission of Ediciones Santillana S.A.

"El ratoncito y el león" by Alma Flor Ada. Text copyright © by Alma Flor Ada. Reprinted by permission of Alma Flor Ada.

"La germinación" from *Panzarriba 1: Libro de lectura con actividades* by Cecilia Pisos, illustrated by Natalia Colombo, et al. Copyright © 2008 by Ediciones Santillana S.A. Adapted and reprinted by permission of Ediciones Santillana S.A.

"La vida de los árboles" from *Planeta Hoobs: La Aventura de aprender: Plantas*. Text copyright © 2004 by Editorial Planeta, S.A. Reprinted by permission of Editorial Planeta, S.A.

"Los animales y su ambiente" from *Prácticas del lenguaje 2: Pizarrita pizarrón para aprender un montón* by Clara Sarcone, et al. Text copyright © 2013 by Aique Grupo Editor S.A. Adapted and reprinted by permission of Aique Grupo Editor S.A.

"Los patines nuevos" by Alma Flor Ada. Text copyright © by Alma Flor Ada. Reprinted by permission of Alma Flor Ada.

Excerpt from *Manual para soñar* by Cristina Núñez Pereira and Rafael R. Valcárcel. Text copyright © 2014 by Cristina Núñez Pereira and Rafael R. Valcárcel. Adapted and reprinted by permission of Palabras Aladas, S.L.

"Mis oídos" by Alma Flor Ada. Text copyright © by Alma Flor Ada. Reprinted by permission of Alma Flor Ada.

"Mosquito" by Guadalupe Castellanos, illustrated by Luis Cayo, from Iguana, July-August 2014. Copyright © 2014 by Carus Publishing Company. Reprinted by permission of Cricket Media. All Cricket Media material is copyrighted by Carus Publishing d/b/a/ Cricket Media, and/or various authors and illustrators. Any commercial use or distribution of material without permission is strictly prohibited. Please visit http://www.cricketmedia.com/info/licensing2 for licensing and http://www.cricketmedia.com for subscriptions.

"Vida en el campo, vida en la ciudad" by Luciano Saracino, illustrated by Cristian Bernardini, from *Pizarrita pizarrón para aprender un montón 1* by Cecilia Repetti, et al. Copyright © 2012 Aique Grupo Editor S.A. Reprinted by permission of Aique Grupo Editor S.A.

*¡Vuela, Mariposa! ¡Vuela!* by Lydia Giménez Llort. Text and illustrations copyright © 2009 by Lydia Giménez Llort. Reprinted by permission of Lydia Giménez Llort.

# Picture Credits

**Cover** (br) ©Photographer's Choice/David Buffington/Getty Images; (c) ©Corbis; (b) ©Corbis; (bg) ©Brandon Alms/iStockphoto.com/Getty Images; (t) ©Photolibrary/Getty Images; **I** (tr) ©Photolibrary/Getty Images; (c) ©Corbis; (bg) ©Brandon Alms/iStockphoto.com/Getty Images; (b) ©Corbis; **III** ©Christopher J.Bandera/Moment/Getty Images; **IV** ©JavenLin/iStock/Getty Images Plus/Getty Images; **V** ©Marco Uliana/Shutterstock; **VIII** ©plusphoto/a.collectionRF/Getty Images; **1** (tr) ©Photolibrary/Getty Images; (br) ©Corbis; (tl) ©Brandon Alms/iStockphoto.com/Getty Images; (bl) ©Corbis; **2** (bg) ©art at its best/Moment/Getty Images; (br) ©Gerald Nowak/Brand X Pictures/Getty Images; ©DC_Aperture/Shutterstock; **4** ©Fuse/Getty Images; **5** ©Houghton Mifflin Harcourt; **6** ©Sigrid Olsson/PhotoAlto/Getty Images; **7** © Juan Silva/Getty Images; **8** ©MilicaStankovic/iStock/Getty Images Plus/Getty Images; **9** ©Houghton Mifflin Harcourt; **10** ©Houghton Mifflin Harcourt; **11** ©Nacivet/Photographer's Choice/Getty Images; **12** ©Comstock/Getty Images; **13** ©Houghton Mifflin Harcourt; **14** ©jordache/Shutterstock; **15** ©rolfo/Moment/Getty Images; **16** ©GlobalStock/Vetta/Getty Images; **17** ©fatihhoca/iStock/Getty Images Plus/Getty Images; **18** ©Cathy Yeulet/iStock/Getty Images Plus/Getty Images; **19** ©andresr/E+/Getty Images; **20** ©rhkamen/Moment Open/Getty Images; **21** ©Maria Bobrova/Shutterstock; **22** ©Barry Winiker/Photolibrary/Getty Images; **23** ©Greg Dale/National Geographic Creative/Corbis; **24** ©Pamela Moore/E+/Getty Images; **36** (bg) ©itdarbs/Alamy Stock Photo; (tl) ©Guenter Fischer/age fotostock; (bl) ©DLILLC/Corbis; (tc) ©Corbis; **37** (br) ©Taalulla/iStock/Getty Images Plus/Getty Images; (bl) ©Christopher J. Bandera/Moment/Getty Images; **38** ©lewkmiller/istock/Getty Images Plus/Getty Images; **40** ©phtography by Linda Lyon/Moment Open/Getty Images; **41** ©IMAGEMORE Co, Ltd./IMAGEMORE Co, Ltd./Getty Images; **42** ©Rita Kochmarjova/Shutterstock; **43** ©LucaGrioni/Shutterstock; **44** ©Baronb/Shutterstock; **45** ©pidjoe/iStock/Getty Images Plus/Getty Images; **46** ©beaer_photo/iStock/Getty Images Plus/Getty Images; **47** ©Digital Vision/Getty Images; **48** ©prajit48/Shutterstock; **49** ©GalloImagesC/Brand X Pictures/Getty Images; **50** ©James Jordan Photography/Moment/Getty Images; **51** ©alexandr6868/iStock/Getty Images Plus/Getty Images; **52** ©JavenLin/iStock/Getty Images Plus/Getty Images; **53** ©George Grall/Getty Images; **61** (t) ©Houghton Mifflin Harcourt; (tr) ©Houghton Mifflin Harcourt; (br) ©Houghton Mifflin Harcourt; (bc) ©Houghton Mifflin Harcourt; **79** (bc) ©laflor/iStockPhoto.com; (bl) Stockbyte/Getty Images; (tr) ©Jim Cummins/Corbis; **80** ©Elena Kalistratova/E+/Getty Images; **92** ©earlytwenties/Shutterstock; **93** (b) ©Zé Martinusso/Moment Open/Getty Images; (t) ©boydhendrikse/iStock/Getty Images Plus/Getty Images; **94** (b) ©AlexanderDavid/iStock/Getty Images Plus/Getty Images; (c) ©Farinosa/Getty Images; (t) ©Marco Uliana/Shutterstock; **95** (b) ©MaViLa/Getty Images; (c) ©Manakin/iStock/Getty Images Plus/Getty Images; (t) ©Ameng Wu/iStockphoto.com/Getty Images; **96** (bl) ©gorillaimages/Shutterstock; (br) ©fotostorm/E+/Getty Images; (tl) ©ArtMarie/iStock/Getty Images Plus/Getty Images; (tr) ©Lane Oatey/Getty Images; **97** ©Rana Faure/Photodisc/Getty Images; **98** ©Getty Images; **99** ©Tatyana Tomsickova Photography/Alamy; **100** ©Corina Marie Howell/Image Source/Getty Images; **101** ©Henglein and Steets/Cultura/Getty Images; **102** ©Camellia/Shutterstock; **103** ©Super Prin/Shutterstock; **104** ©Sharad Medhavi/Moment Open/Getty Images; **105** ©Little Salty Dog/Flickr Flash/Getty Images; **106** ©Mina Doroudi Photography/Getty Images; **107** ©stock_shot/Shutterstock; **108** ©Alamy Images; **109** ©Myotis/Shutterstock; **118** ©Dmitrii Kotin/iStock/Getty Images Plus/Getty Images; **119** ©Harri Küünarpuu/Moment/Getty Images; **120** ©wizdata/Shutterstock; **121** ©David & Sheila Glatz/Getty Images; **122** ©Aditya Singh/Getty Images; **123** ©vkilikov/Shutterstock; **134** ©Yurly Mazur/Shutterstock; **135** ©Mari/iStock/Getty Images Plus/Getty Images; **136** ©Bettmann/Corbis; **137** ©AS400 DB/Bettmann/Corbis; **138** ©Hulton Archive/Getty Images; **139** ©Hulton-Deutsch Collection/Corbis; **140** (l) ©Irina Tischenko/Hemera/Getty Images Plus/Getty Images; (r) ©James Steidl/Fotolia; (b) ©Ilya Andriyanov/Shutterstock; **141** (t) ©Vicheslav/istock/Getty Images Plus/Getty Images; (b) ©Hero Images/Getty Images; **154** ©Fuse/Getty Images; **156** (tl) ©Bill Draker/Alamy Images; (br) ©Getty Images; (tr) ©Pete Mcbride/National Geographic/Getty Images; (bl) ©Peter Schoen/Moment/Getty Images; (cr) ©Matt9122/Shutterstock; (cl) © Corbis RF; (tl) ©iStockphoto.com/Getty Images; **157** ©Bill Draker/Alamy Images; **158** ©Getty Images; **159** ©Pete Mcbride/National Geographic/Getty Images; **160** ©Peter Schoen/Moment/Getty Images; **161** ©Matt9122/Shutterstock; **162** © Corbis RF; **163** ©iStockphoto.com/Getty Images; **172** ©plusphoto/a.collectionRF/Getty Images; **173** ©ImageState/Photolibrary New York; **176** (t) © Image Source Pink/Alamy; (c) ©Comstock/Stockbyte/Getty Images; (b) ©Bert Hoferichter/Alamy; **177** ©Robert Ingelhart/iStock/Getty Images Plus/Getty Images; **178** ©Alamy; **179** ©shico3000/iStock/Getty Images Plus/Getty Images; **184** ©PeopleImages.com/DigitalVision/Getty Images; **186** ©Portland Press Herald/Getty Images; **187** ©The LIFE Images Collection/Getty Images; **188** ©Corbis; **189** ©Arpad Benedek/iStock/Getty Images Plus/Getty Images; **190** JUPITERIMAGES/BananaStock/Alamy; **191** ©Olivia Heywood/EyeEm/Getty Images; **192** ©Westend61/Getty Images; **193** ©Carlos Davila/Photographer's Choice RF/Getty Images; **194** ©Big Cheese Photo/Getty Images Plus/Getty Images